為什麼我不快樂

讓老子與阿德勒幫我們解決人生問題

嶋田將也——著
林依璇——譯

序言

有個方法能讓你擺脫煩惱。

只要能夠實踐這個方法，從今以後你再也不會感到煩惱。

這個方法就是覺察到讓自己煩惱的原因，並且不要自尋煩惱。

你有過這種經驗嗎？

為戀愛所苦的朋友，希望你能傾聽他的煩惱，協助他解決感情問題。

雖然你義不容辭地答應朋友的請求，但朋友所傾吐的煩惱卻令你感到啞然。

因為……

這位朋友現在所交往的對象，與過去讓他痛苦不已、傷痕累累的對象，不管是外貌或性格幾乎如出一轍。

就你的角度來看，免不了會覺得「為什麼他老學不會教訓，一再重蹈覆轍呢？」

沒錯，如果這名友人能夠充分汲取過去的經驗，想必就能了解自己和什麼類型的人無法順利交往。

換言之，刻意讓自己身陷煩惱泥沼的就是自己，人類比起撲火的飛蛾其實高明不到哪裡去。

想必有讀者看了上面的例子後，覺得當事人很笨吧？不過在這裡，本書要向這些讀者提出一個問題。

隨著逐漸長大成人，想必你也有過各種歷練，為何煩惱仍然如影隨形呢？

——那是因為你還不夠了解自己的心。

如果能夠看清自己的心，就不會讓自己陷入煩惱。

而且，就算遇到非得拿到手不可的事物，遭遇無法迴避的挑戰，如果你知道心的療癒方法，即便受了傷也能治癒心的傷痛，持續在人生大道上邁進。

換句話說，擁有「心的使用說明書」正是讓人生擺脫煩惱的重要關鍵。

好比電玩遊戲，遊戲開始前有沒有先讀過說明書，對於遊戲的進行和攻略流程是否順利有決定性的影響。

人生也是如此。掌握心的說明書，就能明白自己是為了什麼而煩惱，為了什麼而喜悅，了解怎樣才能讓自己從煩惱中重新站起來，人生遊戲的難易度也大幅降低。

哲學與心理學中有些觀點能夠讓我們更了解自己，本書將結合這些觀點，和各位讀者分享不同的思考方式。

順帶一提，

哲學和心理學的共通點在於「答案皆因人而異」。

所以，我要先告訴各位，以下的討論沒有所謂的標準答案，重要的是找到屬於自己的答案。

以這本書作為出發點，尋找屬於你的答案吧。

「改變心就能改變行動，
改變行動就能改變習慣，
改變習慣就能改變人格，
改變人格就能改變命運。」

這是同時身為哲學家與心理學家的威廉．詹姆斯（William James）所說過的話。

改變你的心，就是改變人生的第一步。

翻開本書，期待與新的自己相遇，從第一章開始，重新邁向自己的人生吧。

二〇一六年六月吉日
嶋田將也

目次

第三章　從今開始改變人生的成功法則

第四章　努力不是人生的全部

第一章

這世間的運作模式

為外在世界賦予意義的正是我們自己

我們透過五感捕捉外在世界的資訊：

透過「視覺」，看見顏色和物體。
透過「聽覺」，感覺到悄然無聲或喧囂嘈雜的世界。
透過「味覺」，嘗遍食物的酸甜苦辣。
透過「觸覺」，明白物體的軟硬度。
透過「嗅覺」，聞到食物的香味或臭味。

經由五感判斷、詮釋並且認識眼前的事物，專業用語稱之為「認知」。因為有「認知」，當我們運用五感捕捉外在訊息時，能夠思考下一步應該怎麼做。

比方說，當我們認知到「好臭！」的時候會捏住鼻子；覺得食物「好辣！」的時候會喝水減少口中的辛辣感。

動物當然也有「認知」的能力。

當斑馬捕捉到獅子在附近的訊息，便會感到危險，逃離現場。

換句話說，當斑馬透過「視覺」看到獅子的身影後，會展開下列的行動：

↓認知（明白眼前的動物是獅子）

↓要怎麼辦？

↓趕快逃！

不過，動物只是為了維持生命而運用認知，相較之下人類比動物更加優秀。

理由是什麼呢？

在這之前，先讓我們來看看動物與人類的差別：

對動物而言：
為了維持生命，三個主要欲求（食慾、性慾和睡眠慾望）是驅使動物行動的主要關鍵。

對於人類而言：
沒有特別為了維持生命而強化的行動能力，而是思考後採取行動。

也就是說，人類傾向思考後再行動，因此，人類思考認知「要做什麼」的能力比動物更加優秀。

以下雨為例。
下雨的時候大家會做什麼呢？
認知到下雨的事實，想必大家都會將傘撐開吧？

到這裡都還算是普通的認知。
不過你也可能會覺得下雨「好討厭啊」、「會感冒的」，因為單純的下雨而產生負面情緒。

這是因為人的認知會下意識地受到過去經驗所影響。
「淋濕了會感冒。」
「淋濕了好麻煩。」

不過，讓我們冷靜下來好好的想一想。
雨本身有「討厭」、「麻煩」、「會讓人感冒」的成分在裡面嗎？

想必各位也發現了吧。這些都是人們對下雨額外附加的定位。
而且，人們其實是很遲鈍的生物，有時根本不會發現自己額外添加了不少原本沒有的概念。
正因為如此，我們才會在不知不覺中自以為受到傷害，甚至因此感到沮喪難過。

那麼，要怎樣才能讓我們從這些負面想法中解脫呢？

答案很簡單。

只要能夠察覺到「自己一廂情願地替眼前的現實增添許多不必要的意義」就好了。

自己對於本來很單純的事物一廂情願地賦予意義，讓自己妄自認定的意義來傷害自己。

只要發現到自己正在做著這種不必要的事情就可以了。

「原來如此，我根本不需要為此感到喪氣啊！」

日後當你覺得沮喪的時候，請一定要想起這句話。

比方說，當你因為下雨感到厭煩的時候。

請在心中吶喊：「不對，下雨根本沒有什麼特別的意義嘛！」

就是這樣，下雨就是下雨，沒什麼特別意義。雨本身沒有「討厭」或「麻煩」的意涵。

人際關係也是如此。

對於上司和部下感到「棘手」

↓上司和部下本身沒有包括「棘手」的意思啊！

↓原來如此！是我自己對上司和部下賦予「棘手」的定義嗎？

「討厭」工作

↓工作本身沒有好惡之分！

↓原來如此，是我自己在為工作界定好壞啊！

許多人在遇到「討厭的人」和「棘手的人」的時候，往往會不自覺地陷入認知的陷阱，做出以下行為：

↓尋找這個人的長處

↓努力讓自己喜歡上這個人

勉強自己用積極的態度面對對方。

其實，當你努力嘗試正面思考的時候，正代表你的心被負面情緒所支配。**因為非常厭惡對方，才會逼迫自己拚命找出對方的優點，想讓自己喜歡上對方，卻適得其反。**

但是，重點不是討不討厭對方，或是覺得對方棘不棘手，我們必須清楚地認識到這些想法都是自己所塑造出來的意念。

也許你會反問我，知道了又能怎樣呢？

但是，光是察覺到這一點就能帶給我們很大的幫助。

這樣一來，我們就會明白沒有必要強迫自己正面思考。

也請各位讀者不要誤會，我並非說「這個世界一點意義都沒有」。

人活著，就是在用自己的認知為周圍的事物賦予意義。

換句話說，問題的關鍵在於我們有沒有意識到「現實狀況本身就沒有特定的意義」。

只有人類才會對「本來就沒有意義的事物」賦予意義。

察覺到「為眼前的事物賦予意義的正是自己」，就不會被眼前的現實輕易支配自己的喜怒哀樂。

如此一來，就能將心從負面認知中解放。

人生の解答

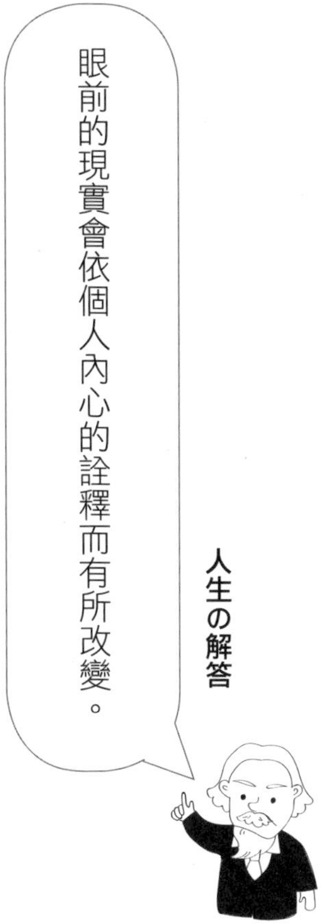

「過程」和「結果」哪一個比較重要呢？

世上人們的行動，絕對、百分之百**會包括過程和結果**！

過程：直到結果發生前，自己所採取的行動。

結果：行動之後帶來的變化、終局。

那麼，過程和結果到底哪一個比較重要呢？

嗯，不管是哪一個都很重要（笑）。

但是，我認為「過程」比較重要。

或許有人會反駁說：

「不對不對，不是有句話說『結果好，一切都好』嗎！？」，但過程比較重要的理由其實非常簡單，老子已經告訴我們了。

哲學家老子曾經說過這樣的話：

「授人以魚，不如授人以漁。」

面對飢腸轆轆的人，是要給他魚吃（結果）還是教給他釣魚的方法（過程）？老子曾經提過這個問題。

請各位讀者也一起思考看看，你眼前有著非常飢餓的人，你會：

「給他魚」

或者

「教他釣魚的方法」

請思考哪一種方法才能真正對這個人帶來益處，然後繼續往下讀。

你覺得哪一種方法比較好呢？

給飢餓的人吃魚，只能滿足他一天的食慾。但是，如果傳授給他釣魚的方法，今後他一生都能受用無窮。

這就是我之所以認為過程比較重要的理由！

還有一個例子可以用來和各位說明。

某間學校有A和B兩名學生參加考試，成績出爐後兩人反應如下：

A：我作弊拿到滿分。

B：我努力讀書拿到六十分。

如同各位所見，以當下的成績來說是A比較高。

但是，未來表現比較好的會是哪一個學生呢？

毫無疑問絕對是B。

就算結果能造假，過程也無法造假。

人生の解答

有好的過程，自然能帶來好的結果。

一生無悔的祕訣

有個中國成語，它的故事這麼説：

「塞翁失馬，焉知非福」

中國古代有位擅長卜卦的老人。

某天，老人所飼養的馬跑得不知去向。

鄰居們安慰老人，但老人卻回答：

「沒什麼好難過的，這也不見得就是壞事。」

過了不久，逃跑的馬自己又回到老人身邊，還帶回另一匹健壯的馬。

左鄰右舍前來恭賀，但老人卻搖搖頭：

「沒什麼好開心的，這也不見得就是好事。」

沒過多久，老人的兒子因為騎上這匹健壯的馬兒，導致腿部摔傷骨折。

周圍的人們十分同情，但老人卻平靜地回答：

「沒什麼好難過的，這也不見得就是壞事。」

——一年後。

由於戰爭爆發，許多年輕人紛紛被徵召前往戰場，為此殞命。

然而，老人的兒子由於骨折得以免於徵召，在戰爭中保住一命。

從這個故事我們就能了解，世間的事情究竟是好是壞，其實很難分得清。

所以，**我們沒有必要為已經發生的事情感到後悔。**

我們常常會聽到這樣的話：

「人生只有一次，不要留下遺憾。」

「為了不要讓自己後悔，要好好努力！」

但是對於說出這些話的人，我要再強調一次——

「根本就不需要為自己的人生感到後悔！」

讓我們來想像以下的場景：

你和朋友兩個人去了餐廳，餐廳提供「肉類」和「魚類」兩種套餐。

你只能選擇一個，但是兩個看起來都很好吃的樣子，實在讓人煩惱。

最後你選了「肉類」的套餐，朋友選了「魚類」的套餐。

當餐點端上桌時，你看到朋友的魚套餐看起來似乎非常美味，你忍不住開口抱怨：

「討厭，早知道就點魚了（哭喪著臉）！」

不過，就算你一開始就選魚套餐，大概你也不會因此心滿意足。這時候你八成會嚷著：

「早知道就點肉了（哭喪著臉）！」。

換句話說，不管你選哪一邊，大概都會覺得後悔吧（笑）。

所以，完全不需要花力氣擔心未來究竟會不會後悔。

況且，當人們在回顧過去的時候，往往會有以下的情況：

「那時候由於沒有念書考了零分。」

「竟然惹顧客生氣，我當時好擔心自己會被解僱。」

「被最喜歡的男朋友甩了，那時候覺得自己一輩子都無法再談戀愛了。」

曾經覺得彷彿面臨世界末日，現在卻能笑著談起過去讓自己跌入谷底的往事，想必各位多少都有過這樣的經驗吧？

所以從這裡我們就可以明白，後悔只是一瞬間的事。

即便現在讓你後悔萬分的事情，將來這份後悔的心情也會煙消雲散。

所以，就讓我們放下對過去的後悔和不甘吧？

無論現在多麼傷心煩惱，在未來的某一天，你也一定不會再把這些煩惱放在心上。

現在的你只要盡全力思考「今後該做什麼」就可以了。

「我們無法改變過去和他人，但可以從現在開始改變未來與自己。」

這是精神科醫生艾瑞克．伯恩（Eric Berne）說過的話。

當工作表現不佳的時候，與其思考無法改變的過去，像是：

「當時如果這麼做就好了……」

「早知道那時候不要多嘴就好了……」

就算想著這些過去的事情，也對未來毫無幫助。

「要如何活用過去的失敗經驗呢？」

「下次要怎麼做才會成功呢？」

當你這麼想的時候，未來也會隨之改變。

不需要為打翻的牛奶哭泣。

人生の解答

每個人都會有正面思考和負面思考的時候

當人得到某種事物的時候，就會想要得到相反的事物。

比方說吃燒肉時，如果口中覺得油膩，就會想吃點清爽的冰淇淋吧？

想要的東西和已經得到的完全相反，

這是因為人有想要取得平衡的特性。

以「光和影」為例想必各位更能了解到這一點。

光線越強烈，陰影也越明顯，

當光是「10」的時候，影也是「10」。

成功法則有時會提到「與成功者為伍」，這並不是因為和成功的人在一起就能接收到「成功者的頻率」。

而是因為和成功的人在一起，自己的缺點便會顯露出來，讓人面對並改正自己的缺點，進一步邁向成功。

這時候成功者是光，自己便是影。

讓我們看看更具體的例子。

當負面思考的自己進入正面思考的團體時，這時我們往往會對自己抱有自卑感。

「嫉妒」

「沒有自信」

「我果然不行（自卑感）」

「那些人本來條件就比我好（找藉口）」

自己內心深處「負面思考」的情緒逐漸湧現。

不過，反過來說，如果處在負面思考的團體中，你又會怎麼想呢？

大部分的人在這種情況下會覺得：
「原來我還算不錯的嘛！」
「我才不會讓自己變得跟他們一樣。」
會產生「優越感」。
這時候你心中「正面思考」的情緒也會稍微浮現出來。

乍看之下，你可能會覺得「那麼處在負面思考的團體中比較好吧！」，不過等一下，先想像這兩種狀況：
．置身正面思考的團體
．置身負面思考的團體
讓我們先來看看在這兩種團體中，你可能會面臨的心理活動吧。

場景1：置身正面思考的團體

「置身正面思考（成功人士）的團體中」
↓「讓心情取得平衡」

↓「內心的負面情緒浮現」
↓「與負面情緒的自己取得平衡」
↓「引發自己內心的正面情緒（成功）」
↓「離正面情緒（成功）更近」

場景2：置身負面思考的團體

「置身負面思考的團體中」
↓「讓心情取得平衡」
↓「內心的正面情緒浮現」
↓「與正面情緒的自己取得平衡」
↓「引發自己內心的負面情緒」
↓「變得更負面悲觀」

如果問人們想處於哪一種狀況，大部分的人可能會選擇場景2。
因為場景2讓人比較輕鬆。

況且，如果在一開始就能享受優越感，心情也會變得比較愉快吧。

但是，如果照上面的狀況進行，反而會讓人變得更悲觀。

所以，如果你想成為正面積極的人，就讓自己置身在場景1的狀況下，盡可能被正面樂觀的人們包圍吧。

一開始你可能會覺得自卑，

「嫉妒」

「酸葡萄心理」

「喪失自信」

你的心中會湧現各種負面情感。

不過這時候你可以想著：

「負面情緒湧現了，如果能夠撐過這段期間，那麼接下來就能迎接正面情緒了！」

如此一來，就算心中湧現自卑感，你也能感到稍微輕鬆一點吧。

磨練是成長的契機。

置身在正面樂觀的人們當中，起初會感到痛苦，也必須克服內心浮現的悲觀負面心理，但這是成長的必經之路，咬著牙度過這段時間吧。

人生の解答

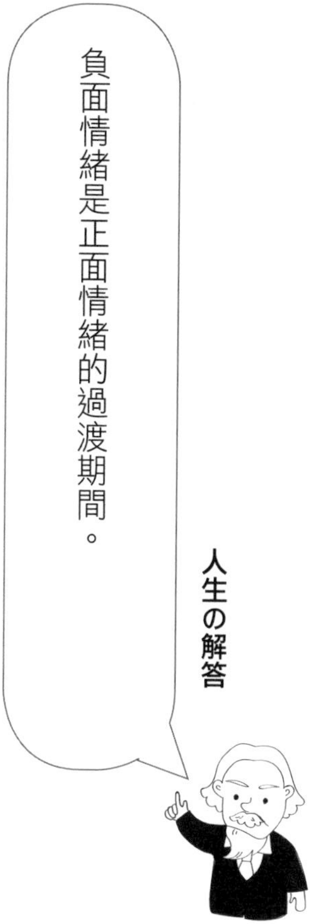

現在就發表對人生的感想未免言之過早

故事、電影、戲劇、人與人間的溝通……。
這個世界上各種事物都有「起承轉合」。

「起承轉合」，也就是代表事物都有「起」、「承」、「轉」、「合」四個階段。

「合」就是結局，「起」、「承」、「轉」則是在結局前所經歷的過程，
換句話說，「起」、「承」、「轉」的任務在於為結局鋪陳。

如果只有「起」、「承」、「轉」卻沒有「合」，想必世上也不會有這麼多有趣或可歌可泣的故事了。（笑）

在故事中，「合」擔任非常重要的總結角色。

假設你把一套漫畫借給朋友，朋友才看了十頁就說：「好無聊喔！」，然後把漫畫還給你……

你會有什麼反應呢？

「你才看了這麼一點懂什麼啊！」

「後面的內容很有趣呢！」

「還是先多看幾本再發表感想吧！」

你大概會這麼想吧？

但是在面對自己的人生時，卻有許多人採取這樣的態度。

在結果出爐前，很多人就先表示：

「我已經不行了。」

「我已經沒有辦法再向前邁進了。」

如果「結局」會說話的話（當然結局沒有嘴，不可能發表意見），想必會抗議：

「你才做了這麼一點，怎麼知道自己沒辦法再前進了呢？」

「不對不對，之後才是重點啊！」

這樣就放棄的你，就好像在電影院看了「起」、「承」、「轉」的過程後就起身，然後表示：

「好像沒什麼意思，我要回家了。」

不管再怎麼無聊，大多數的人還是會選擇看到最後。

無論是有趣或無聊，都該在最後一幕播畢後再下定論。

有許多電影即便有不少片段讓人感到「？」，在「起」、「承」、「轉」的過程中始終讓觀眾一頭霧水，但看到「合」時讓人豁然開朗的例子也很多。

人生就算遭遇失敗，失敗也是起承轉合的一部分，不過是故事中的一個小小段落而已。

遇到失敗會讓人想逃避，也會讓人覺得遺憾後悔。

不過，在故事最終劃下句點時，故事的主角往往會感到「原來如此，失敗也不見得就是壞事啊」。

我在報考高中時沒能考上第一志願的高中，最後就讀第二志願的高中（順帶一提，我將那所高中排在第一志願的理由是因為可以直升大學，沒錯，就是想要輕鬆升學而已。）

那時候的我非常沮喪，甚至大哭了一場。

「如果那時候更努力就好了」，我感到十分後悔。

不過，當我成為心目中第二志願高中的學生後，我交到了對我而言至為重要的朋友。

而當我報考大學的時候，我的成績更是超過原本的第一志願高中能夠直升的大學，錄取排名更高的學校。

這時候我這麼想：

「當時沒考上第一志願真是太好了！」

沒錯，當你看到結局，才能明白先前的各個環節彼此間有看不見的關聯。

不過希望各位不要誤會，起承轉合間雖然有所關聯，但這不代表我們凡事非得要努力到最後一刻。

盡己所能（將自己準備好），但做不到的就捨棄並且斷念。捨棄和斷念，在佛家來講便是明白事理。

美國神學家雷茵霍爾德．尼布爾（Reinhold Niebuhr）的祈禱文說道：

「神啊，請賜給我雅量接受不可改變的事，

賜給我勇氣去改變應該改變的事，

並賜給我智慧去分辨哪些是可以改變的，哪些是不能改變的。」

以佛家的觀點來看，就是「明辨事理，明白自己無法達成願望的理由後，接受這個事實，並且徹底斷念。」

比方說，如果不管怎麼減肥都瘦不下來，那就放棄吧。

捨棄和斷念不代表逃避，而是明白事物的道理後接受事實，並且選擇放棄。

最後，對於覺得「我的人生已經結束了！」的讀者，我想說一句話：

現在就發表對人生的感想，是不是還太早了些呢？**你所體會的痛苦，只不過是故事中「起」的部分而已，後面很可能會有美好的發展在等待著你。**

人生の解答

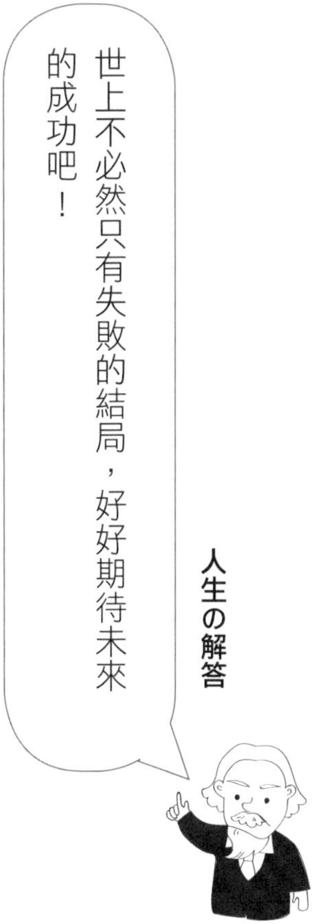
世上不必然只有失敗的結局，好好期待未來的成功吧！

人是描繪自我人生的畫家，只有你能創造自己，只有你能決定今後的人生。

——阿爾弗雷德·阿德勒

第二章

我的運作模式

自己的「心」交由自己決定！

每當有霸凌事件發生的時候，往往會有人開始討論，這一切都是「心」的問題。

話說回來，也有人說「自己的心交由自己決定」，

但是「心」又是怎麼一回事呢？

因為我們沒有辦法用肉眼看到自己的心靈如何運作，所以也很難用文字說明「心」究竟是怎麼一回事。

不過，首先就讓我們來看看「心」是怎麼形成的吧。

其實，會對我們的心產生直接影響的，大概是以下的三個要素。

要素1：環境

影響心的第一個要素，首先讓我們來談談環境，

比方說「天氣」。

房間好熱啊↓感到煩躁（壞心情）。

從早上開始雨就下個不停↓懶洋洋地提不起勁（壞心情）。

今天一大早就晴空萬里↓真是舒服（好心情）。

透過以上的說明，想必各位也能明白，以環境的變化為契機，心情也會出現轉變。

要素2：過去的經驗，曾經發生的事件

接著，讓我們來看看「過去的經驗」和「曾經發生的事件」。

最近都沒發生什麼好事↓心情憂鬱
今天在路上一路都是綠燈，暢行無阻↓好心情
每到十字路口就剛好碰上紅燈↓壞心情

各種的經驗和曾經發生的事，對我們的心情產生加分或扣分的效果。

要素3：他人

最後的要素是「他人」，我們也可以用「人際關係」來形容。

討厭的人坐在我旁邊↓壞心情
麻煩的傢伙進到房間來了↓壞心情
和要好的朋友一起出去玩↓好心情

對於他人「討厭」、「喜歡」、「沒什麼特別感覺」的情緒會左右我們的

心情好壞。

看到這裡，想必會有人覺得「原來如此，我們之所以會覺得心情不好，就是因為被這些原因（環境、經驗和他人）所影響的啊！」

我：「你怎麼了？一大早就這麼不開心。」

A：「因為啊，我一早出門時就遇到大雨，衣服都淋濕了。（所以心情不好）」

我：「你怎麼一臉失魂落魄的樣子？」

B：「我剛剛去抽籤占卜運勢，結果抽到大凶。（所以心情不好）」

我：「你在氣什麼啊？」

C：「屬下都不聽我的話。（所以心情不好）」

像這樣，每當我們心情不好的時候，都不認為是自己的問題，反而怪罪到其他因素上（環境、經驗、他人），藉以保護自己。

簡單的說，就是「找藉口」。

說到「找藉口」，這實在不是什麼好事呢。

不過，既然「找藉口」不是什麼好事，為什麼人們常常都在「找藉口」而且樂此不疲呢？

主要原因有三個。

第一個：

「環境、經驗、他人」都是肉眼可見，而且確實存在的事實。就算為了找藉口，撒謊時只要運用可見的事物作為素材，就更容易騙過他人，的確是非常方便的工具。

如果將自己真正的問題隱藏在名為「事實」的盾牌下，就能夠引起一般人的共鳴。換句話說，單純陳述「事實」就能發揮「找藉口」的效果。我們透過經驗學習到「事實」是非常便利的工具，所以在不知不覺中運用「事實」來「找藉口」。

第二個：

「找藉口」會讓人覺得比較輕鬆。

腦科學家茂木健一郎也說過：

「人類的大腦會傾向選擇輕鬆快樂的事。」

第三個：

「找藉口」可以作為保護自己的工具。

不管是誰，都希望能將自己的所作所為正當化。也就是說「希望自己絕對是正確的」。

基於以上的三個理由，我們往往會傾向於在不知不覺中「找藉口」，這可以說是人類與生俱來的本能。

所以，與其將目標擺在「成為絕不找藉口的人」，不如承認「找藉口是人的天性，這也是沒辦法的事」，坦然地接受事實吧。

話雖如此，盡量減少找藉口的次數，對我們也有好處。

那麼，我們應該怎麼做呢？

要做到這一點，最有效的方法就是明白「找藉口」會讓我們一步一步地被外在因素所控制。

比方說，當別人對你發火的時候，你試著找藉口。

↓為了讓謊言聽起來和真的一樣，你開始找藉口。

↓接著，為了讓謊言更加真實，你持續找藉口……

在這樣的狀況下，找藉口會讓你的處境越來越糟糕。

當你明白「找藉口會讓情形越來越糟」的時候，你就會自然而然地不再找藉口。

總而言之，找藉口雖然能讓你暫時感到輕鬆一點，但也同時會讓你被外在世界所支配。

而且，外在世界不會因為你的藉口而有絲毫改變，結果你的內心壓力只會越來越大。

在這裡，還有一件重要的事要告訴各位。

我們往往會因為這世間常見的「理由」做出決定，因而讓自己飽受折磨。
比方說，當有人問你：「你為什麼要選擇這間公司就職？」、「你為什麼要念這所學校？」時，
「因為這間公司會給員工高額的獎金。」
「因為這間公司星期六放假。」
「因為這所學校很有名，將來找工作會有加分作用。」
這些答案你應該都聽過，或許你自己也曾經如此回答過。

乍看之下，好像你自己選擇自己想要的事物，自己做出決定，不過事實不盡然如此。
「高額獎金」、「星期六放假」、「將來找工作很有利」，這些都是外在條件，你憑藉這些外在的理由，做出人生的重大決定。
但是這些理由，不過是你腦中的妄想而已。

如果公司業績不好，獎金難道不會縮水嗎？

我們仰賴外界的「理由」做出決定，但這些理由都不是永恆不變的事物。

如果你只因為這樣的理由就做出決定，一旦遇到以下狀況：

「公司的獎金減少了」

「星期六要上班」

「學校的畢業生就業率降低」

你會忍不住和他人抱怨，對吧？

由於外在環境變差，心情也隨之跌落谷底。

反過來說，如果被問到：

「你為什麼要到這間公司上班？」

某人這麼回答：

「**我只是做了自己想做的事**，和薪水高低一點關係都沒有。」

這樣的人，無論公司狀況如何，景氣好壞與否，想必都不會有所埋怨吧。

所以，重要的是不倚賴外在因素，自己做出決定。

所以，不只是要牢記「不向外在世界尋求理由」、「不找藉口」等要訣，更重要的是要自己做出抉擇。

自己所下的決定不會因為外在變化而受到影響。

自己內在不變的真實，才是能夠安定心靈的強大力量。

哲學家笛卡兒（Descartes）說過：「我思故我在」。

反過來說，「如果沒有思考，我們也不復存在。」

活在這世上的每一天，如果沒有意識到周遭的事物，就等於不存在。

「自己決定自己的心」

「自己決定自己的行動」

如果自己沒有意識到這一切，「我」就等於不存在。

換句話說，如果我們不存在的話，就會變成：

「被周遭事物決定自己的心。」

「被外在世界掌控自己的行動。」

有意識地「自己決定自己的心」吧，

剛開始的時候，一天一次就可以了。

或者在辦公桌貼上「自己的心由自己決定」的便條紙來提醒自己。如果在一天中你受到「環境、經驗、他人」所影響，也可以把這些狀況記錄下來。

你會逐漸認識到「原來我是用這些方式在找藉口啊」。

如此一來，你就會了解「找藉口不會讓自己變得更快樂，自己的心要由自己決定」。

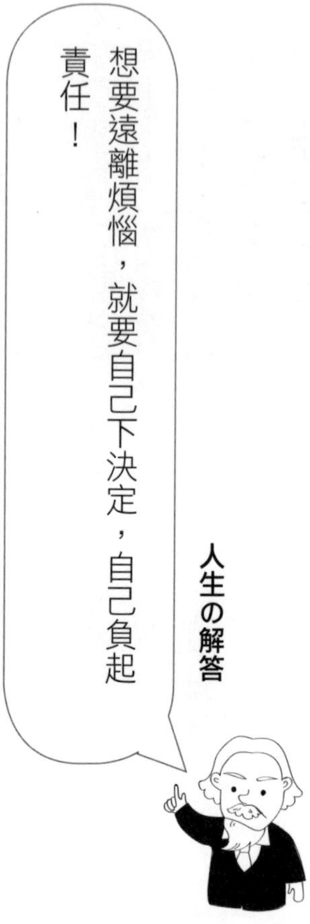
人生の解答
想要遠離煩惱，就要自己下決定，自己負起責任！

不受他人的評價左右，接受真正的自己，擁有接受不完美的勇氣。

——阿爾弗雷德．阿德勒

日常生活中也能常保好心情的方法

大家喜歡好心情嗎？
還是喜歡壞心情呢？
我啊，當然是喜歡「好心情」（笑）！

説起來，大家知道什麼是「跑者的愉悅感（Runner's High）」嗎？
簡單的説，馬拉松跑者的腦中會分泌腦內啡，讓跑者感到神采奕奕，感覺不到「疲累」、「呼吸紊亂」或「腳痛」等狀況。
這種狀態，又被稱為「進入巔峰狀態（In the zone）」

如果在日常生活中也能進入「跑者的愉悅感」或是被稱為「巔峰狀態」的情境，想必我們在日常的表現也會變得更好。
大家不這麼認為嗎？

其實，這的確是有可能發生的事。前提是保持「好心情」。

「保持好心情」，就能輕易想像自己狀態絕佳的模樣，如此一來，當發揮到極致的時候，就能進入「跑者的愉悅感」和「巔峰狀態」的情境！

反過來說，如果心情不好，狀態自然會變差。
當心情壞到極致的時候，就會導致「憂鬱」。長期的憂鬱也會讓人生病。

其實，無論是「巔峰狀態」或「憂鬱」，我都經歷過（過去的我曾經是個非常負面的人啊（笑））。

那麼，處於這兩種狀態的時候，我們的「心」又如何呢？

進入「巔峰狀態」的時候：

「明明過了一小時，但感覺好像只有五分鐘」

「完全不會累」

「就算放鬆也不會失去專注力」

進入「憂鬱狀態」的時候：

「沒做什麼激烈運動，卻覺得身體很沈重」

「呼吸不順暢」

「沒有食慾」

這樣說起來，保持好心情真的能給我們帶來很多好處呢！

不過，在這裡會遇到一點小麻煩。

我們用肉眼看不見自己的心情對吧？

就算把身體徹底檢查一遍，也找不到自己「心」的樣貌。

所以，我們也沒有辦法知道，現在究竟是處於「好心情」還是「壞心情」。

如果有能夠顯示心情的指標就太好了，不過世界上並不存在讓我們能輕易辨識的心情指標。

這時候，不妨想想看手機訊號的例子。

先試著撥一通電話，

如果發現訊號不好的話，一般來說，你應該不會想在這個地方繼續撥打電話對吧？

當然，每個地方訊號的強弱不同，並不是各個地方都非得要有足以讓人通訊的強度不可。

但是，如果你明明知道某個地方收訊很差，還堅持要在那裡講電話或傳送訊息的話，也未免太奇怪了吧。

如果，你發現你的手機在屋內收不到訊號的話，你會怎麼辦呢？

會換個地方打電話或傳訊息對吧？

人類的心和手機很像，依據訊號（心的狀況）的不同，人有能做到的事，也有不能做到的事；有能運用的能力，也有不能運用的能力。

重要的是，能夠察覺到自己處於何種狀態，並且因應自己心的狀態，改變實際的作為。

就如同先前提到的，「心」沒有明確的指標，沒有辦法像訊號一樣讓我們看到實際的狀況。

大部分的人都沒有察覺到自己的「心」處於何種狀態，往往是在發生狀況後，回過頭來檢視先前的一切，才發現「啊，那時候的我，好像是處於這種狀態啊！」。

那麼，我們要怎樣才能在事前察覺自己的「心」呢？

就是要「察覺自己的情緒」。

「煩躁」本身並不會讓我們心情變差，而是沒發現到自己心中的煩躁，被煩躁的情緒擺布，才會讓自己陷入壞心情。

所以，重要的是，能夠在日常生活中，察覺到「現在我覺得很煩躁」。

其他像是：

・快樂
・緊張
・焦慮
・惱怒
・興奮
・不耐煩

關鍵不在於情緒的好壞與否，只要能夠隨時察覺到自己的情緒處於何種狀態，就是常保好心情的第一步。

在這裡，試著把過去的情緒整理成列表吧！

「失戀的時候是什麼感覺呢？」
「工作失誤的時候是什麼感覺呢？」

像這樣子，試著把自己的心情寫成列表吧！不過有些人會意外地發現自己寫不出來。

如果你寫不出來，其實也代表你不了解自己的心情究竟是好是壞。

列出表單的時候，有幾點注意事項：

·敘述發生的事件不等於呈現情緒狀態

比方說，有些人會寫下「拿到獎金了」或「星期五下班的時候」，這些是特定的事件，但並沒有呈現出「情緒」。敘述事件（外在世界發生的事實）不等於「情緒」。

·腦中的念頭不等於情緒

「想休假！」「希望成績變好！」「想去旅行！」這些念頭只是人的想法和願望，不等同於情緒。

·外在的狀況不等於情緒

像天氣的冷熱，食物的味道是濃郁或清淡等等，都屬於外在狀況，不等同於情緒。

·身體的狀態不等於情緒

「想睡覺」、「累了」、「覺得身體好沉重」，這些都只是身體的狀態。遇到這樣的情況，如果要記下自己的情緒，可以用「累了，覺得身體好沉重，開始失去耐性」來表達。

想必會有讀者覺得「天啊，要分辨好難喔！」這樣的你，可以試著採用以下的記錄方式。

「現在的我，心情是〇〇」

在〇〇填入情緒，試著把日常生活中的情緒做成列表吧！

如果你寫好了，就往下一頁邁進吧！

（還沒有寫完的讀者也可以繼續看下去，不過如果你已經試著做了，在閱讀後面的章節時會有更多想法）

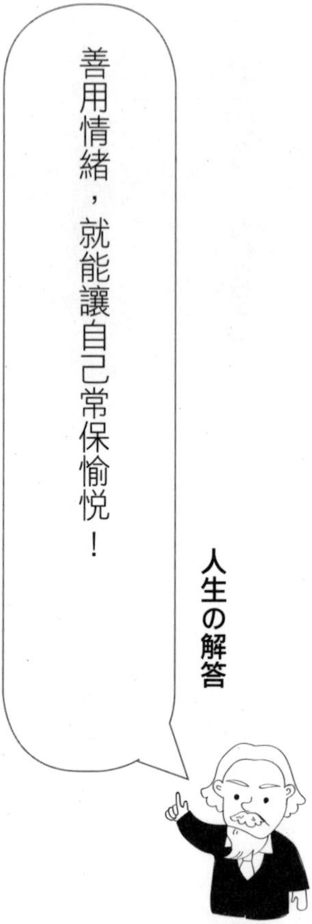

這世上沒有「個性火爆的人」，只有「常常使用憤怒這種情感的人」。不必徹底改變自己的性格，只要改變自己使用情感的方式就行了。

——阿爾弗雷德·阿德勒

人的情緒不是恆久之物

好了，那麼你做好自己的情緒列表了嗎？

你列出了幾項呢？

十項、三十項，還是一百項呢？

順帶一提，表單上的心情像是「好心情」、「壞心情」、「正面積極」、「負面消極」其實都沒有任何意義。

就像前面所說明的，是你為這一切賦予意義。

那麼，接著請依照下面的方式，為你的情緒分類。

類型1：

心情好時所感受到的情緒。

類型2：

心情壞時所感受到的情緒。

沒錯，其實說得極端一點，人的情緒狀態大概只有好和壞兩種。

用紙寫下來也可以，請將情緒標記下來，分類方式是注意當你沉浸在這些情緒的時候，精神的波動是高昂（好心情）還是低落（壞心情）。

不過，隨著情況不同，同樣的情緒也可能出現在有好或壞等不同的狀況。

以「緊張」來說，可能會有以下不同狀況。

好期待明天的旅行，覺得好緊張喔↓好心情

明天就要上台報告了，好緊張↓壞心情

像這種狀況下，把這種情緒分別列在「好心情」和「壞心情」也沒關係。可以的話，希望各位讀者能夠養成隨身攜帶分類紙條的習慣，當感受到情緒波動時，隨時加以對照。

如此一來，便能確認自己在日常生活中的心境變化。

另外，有件事雖然很困難，但還是希望大家試試。

「那就是把自己當成旁觀者，觀察自己一整天中情緒的變化。」

這種訓練方式有助於各位更加察覺自己的情緒波動。

要記下來的只有「時間」和「情緒」。

例如：

「從七點到八點感到很不安」

「從八點到九點覺得很煩躁」

「十點時很亢奮」

類似這樣的記錄方式。

其實，用旁觀者角度觀察自己的情緒變化，有一個很重要的功能。

就是壞心情會慢慢地消失。

原因在於「人的情緒無法持久」，

透過傾訴心情，人的壞心情也會隨之消散。

反過來說，如果著重在事實又會怎樣呢？

「早上的電車誤點，

讓我被周圍的人責怪。

中午去餐廳吃飯又一堆人，真是讓人不爽。」

人無法改變已經發生的事實，不斷反覆抱怨過去的種種讓自己多麼不悅，只會讓腦袋再三感到不愉快，緊抓著往事不放。

雖然人的情緒本身很難持續，但如果一直執著於特定的事實，情緒也找不到出口，只會讓人越來越痛苦。

協助人們將情緒表達出來，也是專業諮商師常用的方式。

「協助對方將情緒展露出來，傾訴內心的感覺」

諮商師透過聆聽和共鳴，讓諮商對象的情緒得以找到出口。

將情緒寫下來，某種程度來說，就是自己當自己的諮商師。

如果只傾訴情緒，就算當事人當下傳達的是「壞心情」，但也會在過程中發現自己有營造「好心情」的能力。原因在於，當事人會察覺到在訴說「好心情」的時候，自己的心情也會變好。

就當成是被我騙了也無妨，請各位讀者務必試試看「列出情緒的表單」以及「傾訴情緒」，請試著學習培養這項能力。一開始會感到很累也是沒辦法的事，因為我們的大腦本身不具有「察覺情緒」的能力。

以英語教室的會話練習來說，對於母語不是英文的人而言，一開始的時候想必會覺得很辛苦吧。那是因為我們的大腦原先沒有這樣的能力，就像剛開始運動時不免會肌肉痠痛。

但母語本來就是英文的人，在進行英語會話時並不會覺得特別辛苦。

在後面的章節本書還會介紹其他訓練大腦的方式，不過「察覺情緒」的能力可說是最基礎的基本功。

希望各位務必學會「察覺情緒」的技巧。

人生の解答

將情緒記錄下來，如此一來你就能掌握自己的「心」。

心的三種神器之一～言語篇～

正如同我先前不斷和各位提到的，如果我們放著自己的心不顧，我們的心就會輕易被外在事物所左右。

不過我們可以運用三種「神器」，排除外在的負面影響，將自己的心導向正面的方向。

那就是「言語」、「表情」和「神態」。

人們可以透過這三種神器改變內心的狀態。

但是，雖然人人都擁有這三種神器，卻有很多人無法運用自如。

各位覺得問題出在什麼地方呢？

讀到這裡，或許比較敏銳的讀者已經發現箇中關鍵了吧。

很多人不知道可以透過這三種神器改變內心的狀態，或許該說他們還沒有發現其中的奧妙。

這三種神器有兩個非常棒的優點。

人人都具備這三種神器：

不分男女老少，或是有沒有特殊才能，只要是人都具備這三種神器。

無論在什麼地方都可以使用：

絕對不會發生「糟糕！今天忘了帶出門！」的情形。

能夠操縱自己內心的人，毫無疑問地也是能順利運用這三種神器的人。

讓我稍微舉個例子來和各位說明吧。

曾經看過知名棒球選手鈴木一朗訪談影片的讀者們，想必對一朗選手接受訪談時，選擇遣詞用字的謹慎態度印象深刻吧。

選擇遣詞用字並不是只為了顧慮周遭觀感，而是透過選擇所使用的話語，也能讓自己的心情保持愉悅。

對於一朗選手而言，**當選擇能讓自己的心境更好的話語時：**

↓應對訪談的能力提升

↓心情變好

↓在比賽中發揮良好表現

↓讓觀眾開心

↓自己的心情也會變得更美好

這正是「自己的心由自己決定」的生活方式

如果現在你的心被煩惱所支配，或許你是做了相反的事。

今天想去野餐，但外頭卻下起雨來。

↓反射性地說出「煩死人了，最討厭下雨天了！」

↓心情變差

各位看了這個例子之後，是否也感覺到自己的話語的確可能讓心情變得更惡劣呢？

不過在這裡我們也可以思考，「最討厭」，指的是「討厭之最」，**也就是說，是在你的人生中所遭遇的最令人討厭的事情。**

打算去野餐時遇到下雨天，真的是你一生中最討厭的事嗎？

這當然不可能，可是日常生活中很多人卻把最討厭、最麻煩等掛在嘴邊。

如果抱怨能夠讓天氣轉晴，那盡量抱怨也無妨，但是雨不會看人臉色，所以抱怨也於事無補。

從你口中吐出的怨言，只會打亂自己的心情而已。

為了自己的心情著想，必須慎選日常生活中所運用的話語。

不妨試著做一張列表，將日常生活中會讓你心情變好的話語列出來（像是「安心吧，沒問題的」、「放輕鬆♪，放輕鬆♪」、「不用那麼拚命也沒關係！」、「只要做自己就好了」）。

假使你現在無法列出「讓自己心情變好的話語」，那就是你平常沒有為自己好好選擇遣詞用字的證據。

如果始終想不出來，借用名言佳句也無妨。

如同吃下的食物是構成身體的元素，選擇什麼話語也是形塑心靈的關鍵。

試著想像這個畫面。當你飢腸轆轆的時候，眼前掉下了腐敗的食物。

就算它外表看起來很美味，但你會願意吃下這樣的食物嗎？通常不會吧。

就算動了想吃的念頭，也免不了會思考：
「雖然很想咬下去，但如果這樣做絕對會吃壞肚子。」
人們想必會經過一番掙扎，才決定要吃還是不吃。
我們的心也是如此。
當看到雨落下來，想要開口發表感想前，先思考「這樣的話語會對我的心有什麼影響？」
就像塑身中的人會選擇要吃肉或是吃青菜一樣，認真選擇自己的發言並不是什麼特別的事。

人生の解答

你所運用的言語，決定你心情的好壞。

不是「陰鬱」，而是「溫柔」。不是「反應慢半拍」，而是「謹慎」。不是「老是失敗」，而是「面臨許多挑戰」。

——阿爾弗雷德・阿德勒

心的三種神器之二～表情篇～

三種神器的第二種是「表情」。

雖然有點突然，不過請各位讀者試著面帶笑容發脾氣。

覺得如何呢？能發得起脾氣來嗎？

想必世上沒有能夠笑著發脾氣的人吧。

從這個例子各位可以知道，表情基本上和人們的心情一致。

也就是說，如果不展露生氣的表情，也很難流露出生氣的情緒。

表情變化主導情緒的起伏。

以車為例子，如果情緒是目的地，表情就是方向盤。

就算已經決定目的地，但如果不轉動方向盤，還是到不了想去的地方。如果目的地是「喜悅」，就用笑容驅動方向盤，前往令人感到愉悅的目的地。

如此一來，心也會切實地感受到喜悅。

世界知名的田徑選手卡爾．劉易斯（Carl Lewis）還是現役選手的時候，在百米賽跑的過程中，就算在前面八十米時屈居第三名或第四名，也能在剩下的二十米距離中重新奪回優勢。

總能在重要關頭扳回一城的卡爾，跑到八十米時永遠帶著笑容。他的教練長期教導他「**奔跑時務必帶著笑容**」。

看到這裡時，或許有許多人會誤解「就算遇到討厭的事也要裝出笑容」。前面談到認知時，我也和各位提到過，我們不需要勉強自己正面思考。就像開車時，如果只有身體往想要前進的方向傾斜，也無法改變車子行進的方向。

就像先前介紹三種神器的言語時所提到的訣竅，只要學習在日常生活中露出讓自己感到愉快的表情就可以了。

不需要強迫自己在面對討厭的事物露出笑容，而是平日就時常面帶微笑。

選擇自己的表情，不斷地練習。

表情改變了，心情也會變得更好。

就算剛開始是特意做出的表情，但如果能夠讓自己感受到「心情的確有變好呢」，那你就成功了。

如果特意露出笑容無法讓心情改善，不妨試試其他的表情。

每天一次就好，試著站在鏡子前面露出各式各樣的神情，找出能讓自己感覺心情絕佳的表情吧。

人生の解答

情緒是「目的地」，表情是「方向盤」。

情感像是讓車子啟動的汽油，不是受情感「支配」，
而是「利用」情感。

——阿爾弗雷德·阿德勒

心的三種神器之三～神態篇～

三種神器的最後一種，就是神態。

當你沮喪的時候，呈現於外在的神情是什麼呢？

從外表看起來，八成是垂著肩膀，無精打采的樣子吧。

這世上，幾乎沒有人能在面臨低潮的時候，還能夠露出充滿自信、志得意滿的神態。

換句話說，神態和表情一樣，是掌控情緒的方向盤。

所以我們要時時刻刻對自己的神情和態度有所意識。

藉由態度的轉變，我們的心情就能變得更好。

有一點希望各位注意，在我們學習掌握自己的神態時，「呼吸」扮演著很重要的角色。

心情不好的時候，人們的呼吸淺而急促。

同時，淺而急促的呼吸會讓人們的心情變得更不好，陷入惡性循環。

如果從平常就能養成深呼吸的習慣，透過調整呼吸的節奏，不僅能夠讓身心放鬆，整體的表現也會提升。

以腦科學的角度來說，深呼吸能夠刺激血清素分泌，讓人感受到幸福，更接近巔峰狀態。

每天只做一次也無妨，從現在開始，好好感受一下自己平時究竟是怎樣呼吸的吧。

「每當沒精神的時候，就會低頭嘆氣。」

「喔！現在的我正在深呼吸呢，狀況不錯喔！」

如此一來，就能用自身的意志，掌控名為「神態」的方向盤。

以上就是操縱人們情緒的三種神器。

就如同我一開始所告訴各位的，這三種神器無論何時何地都可以使用，相當方便。

不過，這三種神器不是用個一、兩天就可以運用自如的工具。

但是，就算要花上十年、二十年才能掌握訣竅也無所謂，不要著急，每天一步一步地練習。

試著掌控方向盤，前往自己想去的目的地吧！

人生の解答

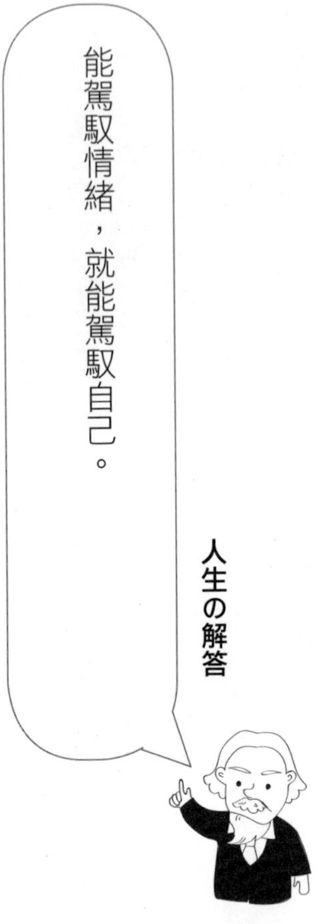

第二章

從今開始改變人生的成功法則

成功反而會破壞成功！？

道家的始祖老子曾經說過：

「大者宜為下」

白話的說，就是越是強大的存在，就應該要居於下方。

也就是說「越是身為強者，就越要懂得謙卑。」

但是，為什麼身為強者就要更加謙卑呢？

那是因為「擁有強大力量的人們，失敗往往也是自己一手造成的。」

箇中原因在於，擁有強大力量的人們，自身也存在取得「平衡」的機制。

第一章我們提到「光與影」，光線越是強烈，陰影也就越深。成功也會帶來同樣的效應。獲得越巨大的成功，這份成功被破壞的可能性也就越高。

目標越高遠，成功越輝煌，隨之而來的陰影就越加深沉，破壞力也越大。

舉個具體的例子，如果一個人越成功（綻放非常強烈的光芒），往往會志得意滿，就像日本傳說中的天狗，由於傲慢被懲罰，被迫頂著長長的鼻子（陰影也隨之越加深沉）。

好不容易才成功，就這樣讓心血付之一炬，你難道不覺得可惜嗎？

如果成功後還能保持謙遜，便會受到更多的褒揚，如此一來，說不定會變得更加成功。

無論是正面思考，或是也和將想像化為現實的「吸引力法則」，以及阿德勒的「目的論」等等都是很棒的成功法則。

但是，如果只把目標放在成功，那絕對不能算是真正的成功。

我們必須將目光轉向成功的陰影，好好的面對它才行。

但是這也不代表我們在成功的時候，非得要對自己說：

「我可不能得意啊」
「絕對不能有優越感！」
「謙虛比任何事情都重要！」
而是我們必須認識到物極必反，樂極生悲的道理。如果成功的時候沒有認識到自己驕傲自滿的態度，無法克制自己的陰暗面，好不容易獲得的成功也會馬上功虧一簣。

人生の解答

巨大的成功，背後有著同等程度的陰影。

大國者下流。天下之交，天下之牝。
牝常以靜勝牡，以靜為下。
故大國以下小國，則取小國；小國以下大國，則取大國。
故或下以取，或下而取。
大國不過欲兼畜人，小國不過欲入事人。
夫兩者各得其所欲，大者宜為下。

——老子《道德經》

你唯一要做的就是「準備」

無論是誰，如果想獲得成功，要做的事情就只有一件，那就是「準備」。

或許有些讀者會覺得「喂喂，這和你先前講的不是互相矛盾嗎？」但這番話的確是事實。

比方說，你的小孩對你說：「爸爸、媽媽，我好想要一台三輪車喔。」

這時候，小孩子可能會遭遇以下問題：

・三輪車騎著騎著，不知不覺騎到車道上。

・一個不注意就撞上電線桿。

像這種情況下，你會買三輪車給小孩子玩嗎？當然是不會的吧。

那麼讓我們來想想，如果小孩子想成功地取得三輪車，他應該要怎麼做才能達到目的呢？

自己去買嗎？不過小孩子可沒有足以買得起三輪車的財力。

繼續拜託父母親買給自己嗎？不過，只要父母親一句：「要是跑到車道上怎麼辦？」，小孩子的提議就會馬上被駁回。

那麼，想要三輪車的小孩子到底該怎麼辦才好呢？答案其實很簡單。

那就是成為「不會把三輪車騎到車道上，也不會撞上電線桿」的小孩就好了。

如果能夠做到這些事，父母親就會安心地買三輪車給小孩子。

如此一來，小孩子就能夠達成「取得三輪車」的成功目標。

不過，當我們重新回顧整個過程，可以發現成功並不只是單純仰賴孩子的努力。

雙親給予孩子三輪車的舉動，帶來最後的成功。

小孩要做的事情，不是拚命追求成功，而是準備好「即便擁有三輪車也不會導致意外事故發生」的自己。

更進一步地說，就是讓自己成為適合騎三輪車遊玩的小孩。

當你準備好的時候，一切自然水到渠成。成功將會降臨，你的目標也將獲得實現。

成功法則中有「仿效成功者」的說法，其實指的就是和成功的人做相同的準備，以此迎接成功。

「成功」不是你拚命奪來的成果，而是你被賦予的事物。

所以，如果你希望被賦予「成功」，就必須有相應的準備才行。

為了讓各位讀者更能理解，我就以收聽廣播節目來當例子吧。

如果想聽特定節目廣播，必須先將收聽設備調整到廣播電台的頻率才行。

不過，無論你是否將收聽設備調整到特定頻率，播放廣播的電台還是會按時播放。

也就是說，

你調整收聽設備到特定節目的特定頻率（準備）

電台則是播放節目讓處於特定頻率上的人能夠聽到（結果）

換而言之，不是漫無目的地亂轉頻道，而是配合自己想聽的電台節目加以調整，做好充分準備，就能聽到想聽的節目。

不過，準備的方式也有很多種。

以上面提到的廣播節目為例，廣播電台很多，有各種節目可以選擇。隨著想收聽的節目不同，聽眾可以調整到不同的頻率。

所以，如果你只知道一個頻率的話……

能選擇的節目也就只有一個了，沒錯吧？

也就是說，你能得到的成功就只有一個。

這樣一來，人生未免不夠豐盛。

你所知道的頻率越多，就能收聽更多的節目。人生旅程的規畫也是如此，如果能獲得各式各樣不同面向的成功，生活也會變得更加多采多姿吧。

兵法家孫子曾經說過：

「將聽吾計，用之必勝（如果將領願意聽從我的計謀策略，用他來打仗，一定能夠取勝）。」

從這番話我們也可以理解到「多花時間好好地謀畫。特別是對於緊急狀況加以準備，做好無論發生什麼危險，自己處於何種悲觀心理下都能應付的規畫。如果能做到這種程度，必然能獲得成功。」

人生の解答

成功的祕訣，就是做好迎接成功的「準備」。

成功在於反其道而行！

在你有生之年，多少會面臨需要「戰鬥」的場景。

無論是在學校、公司、或是家庭裡……

你可能都會被迫參與各種「戰爭」。

就算在這裡告訴你，老子曾說過「水善利萬物而不爭」，

你大概也會覺得「什麼嘛，人際關係才沒那麼簡單，要是那麼容易就能解決，我就不用那麼辛苦了」

也罷，你會這麼想也是沒有辦法的事（苦笑）。

面對這種情形，老子告訴我們的處理方法是，

「善勝敵者，不與」

也就是不要和人正面衝突，用相反的方式面對才是更好的解決之道。

以現代的話來說，就是以下的狀況：

「想讓對方閉嘴的話，就讓對方盡情說個夠。」

「想從對方手上得到什麼，就要先給予對方什麼。」

「想讓對方乖乖聽話，就要先讓對方自由自在。」

換句話說，當對方為所欲為，放下戒心的時候，就能從中找到可趁之機。

就像孫子所說的「始如處女，敵人開戶；後如脫兔，敵不及拒。」。

在與他人對戰時，剛開始示弱能夠讓對手鬆懈。遇到決勝關鍵時，再以迅雷不及掩耳的速度行動，一舉擊敗對手，這就是作戰的基本原則。

今後，如果你遇到非得和他人對戰不可的情況時，

請務必想起這段話，然後付諸實現。

如此一來，你長久以來強攻不下的敵人，很可能會因此被你擊敗也說不定。

人生の解答

如果長久以來使用的方法都行不通，不妨試試相反的戰術吧！

善為士者不武，善戰者不怒，善勝敵者不與，善用人者為之下。是謂不爭之德，是謂用人之力，是謂配天古之極。

——老子《道德經》

真正的強者不爭

或許有點突然，不過在這邊我要先問各位一個問題。

説到「很強」的事物，你第一個會想到什麼呢？

鑽石？

錘子？

肌肉？

一般來說，都會想到印象中比較堅硬的物品吧。

至少，我想應該沒有人會回答電玩遊戲中，那些軟趴趴的史萊姆怪物才對（笑）。

那麼，大家有聽過老子說的「上善若水」這句話嗎？
也就是說，水是最高的善。
換而言之，水是最強的。

那個只要被輕輕碰一下就會改變形體，令人捉摸不定的水，竟然是最強的事物嗎？
真是太奇怪了，這和我們一開始問的問題所得到的答案不是互相矛盾嗎？
這到底是怎麼一回事呢？

如同「上善若水」這句話所言，老子認為水是最高的善。
這個最高的善，所指的就是迴避紛爭的生存之道。

讓我們稍微把思緒轉到老子所在的年代，春秋戰國時期，各國征戰不斷，
彼此廝殺，一般來說，能夠戰勝的人才能存活下來。
「想活下來就得踩著他人的屍體往上爬」

當時的人會這麼想也是理所當然的事（不過現代社會中也有人抱持這種想法……）。

正是在那個戰亂頻仍的時代，老子主張「**上善若水，水善利萬物而不爭，處為人之所惡，故幾於道。**」，認為水所展現出來的存在方式，才是人們生存的典範。

在自然界中，水由上游流到下游，也就是說從高處往低處流動。

而當水往下方流動的時候，總有一天會回歸到遼闊的大海。

這和阿德勒教導人們「不爭」的道理，其實是相通的。

「**放下競爭而求生存**」，或許有人會覺得這種做法只不過是投降而已。

不過，請各位想像以下的畫面。

當水往下流動的時候，如果遇到岩石，它會怎麼辦呢？

流動的水會避開岩石對吧。

水並非抱持著「我要和岩石決一死戰！」的心態強行撼動岩石，而是選擇「繞過岩石走別的路吧」，這樣一來就不用和岩石正面衝突。

然而，隨著水流動的時間越長，經年累月，堅硬的岩石也會逐漸被磨損，這

就是滴水穿石的力量。

萬物中比任何事物都柔軟，卻也比任何事物都剛強的「水」，即便處於眾人嫌惡的低下地位也仍舊處之泰然，沒有比這更棒的處世態度了。

人生の解答

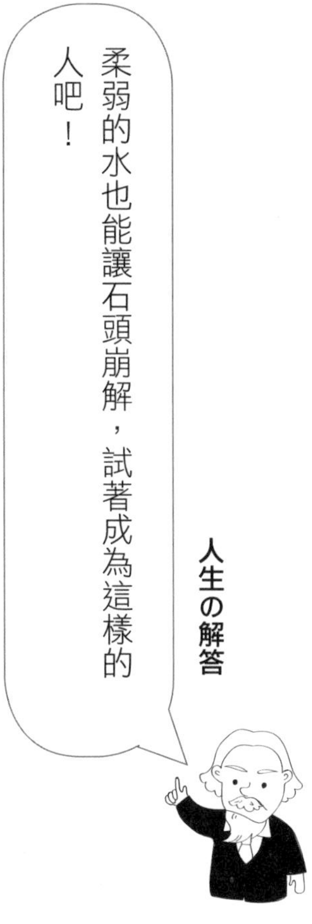

柔弱的水也能讓石頭崩解，試著成為這樣的人吧！

只有弱者才能見到的世界

世間萬物大概可以用下列方式區分：

「強」和「弱」，

「有」和「無」，

「明」和「暗」，

「男」和「女」，

像這樣的二分法，是世間常用來判斷事物的基準。

在現代社會中，說到「強」和「弱」，大家往往會認為強者比較有利，也能享有比較多的優勢，因此會傾向選擇「強」的那一邊吧。

但是老子卻告訴我們「應該要反其道而行，選擇弱的那一邊」。

老子：「諸位，想要變得強大嗎！！」

眾人：「當然想！」

老子：「那麼，首先要變弱！！」

眾人：「咦～～！」

各位讀者看到上述的對話，或許會感到很困惑吧。

不過，老子所說的「柔弱勝剛強」，就是這個意思。

那麼，為什麼變弱反而能讓自己變強呢？

那是因為，當處於弱者的角色時，就能看到身為強者看不到的事物。

比方說，擁有高收入，經濟層面不虞匱乏的人們，很難想像以下的困難：

「由於缺錢沒辦法繼續讀書。」

「老了以後該怎麼辦啊？」
「生活要怎麼過下去呢？」
每當聽見這些感慨，他們也很難切身體會其中的無奈。

簡單的說就是「看電影當下所獲得的感動，只有在現場觀看的觀眾才能夠理解」

「當受傷或生病的時候，才深刻體認到健康的可貴。」很多人都有過這種經驗吧？

對於女性而言，當自身懷孕的時候，看待其他孕婦或幼兒的眼光往往也會產生很大的變化。

也就是說，能了解弱者軟弱之處的人，才能從中得到真正的剛強。

「強者」的極端就是「弱者」，正是因為「弱者」承受來自世間的一切，所以能成為最了解世間的人，也就是「最強」的人。

試著想像看看，當你臥病在床的時候，從未生過一次病的友人來拜訪，然後對你說：

「生病好辛苦喔，加油囉。」這時你會有什麼感想呢？

你或許會覺得感謝，不過另一方面你也可能會覺得：

「你這傢伙懂什麼啊！？」

難免會有這樣的情緒湧現吧。

在這種狀況下，一般來說病人是「弱者」，健康的人則是「強者」。

但是老子告訴我們，事實不盡然如此。

病人↓強者

健康的人↓弱者

老子有句話這麼說：

「知其雄，守其雌，為天下谿。」

大致上的意思是：

「既置身於女性的柔弱立場，又知曉男性剛強力量之人，會擁有世間的一切。」

換句話說，

「在強者面前，眾人都會警戒、武裝自己；但是在弱者面前，眾人都會卸下防備，展露出真實的自我」

更進一步地說，弱者就像山谷一樣，接收許多滑落或掉落在其中的事物，無論是強也好，是弱也罷，弱者能理解這一切。

也就是說，這樣的人正是最強的「聖人」。

先前提到的友人探病正是一個例子。

套用老子的說明，我們就可以理解一件事：

「只有了解弱者心情的人，才能成為弱者真正的助力。」

如果你的友人A，過去曾經和你得過一樣的病。

當他對你說：「生病好辛苦喔，加油囉。」的時候，你絕對不會想著：「你這傢伙懂什麼啊！」

生過病的人，就算恢復健康，也能理解病人身為弱者的心情，進而對需要幫助的人伸出援手。

而正是這些人生經驗，讓人成為能夠接納萬事萬物，充滿包容心的人。

為自己而活也正是為他人而活！？

佛教中有提到「自利利他」的道理。

「自利」：為了自己的利益而努力，也就是說，為了自己的利益，努力地修行。

↓自己比他人優先。

「利他」：為了他人的利益而努力。

↓他人比自己優先。

「自利利他」如同字面所表示，也就是兩件事物合而為一。
天台宗的最澄說過：
「自利就是利他」。

也就是「為了他人的利益而付出的努力，終究會回到自己身上，所以積極展現利他的行為吧」。
用阿德勒的話來說，就是「他者貢獻（對他人有所貢獻）」。

所以，不需要勉強自己努力為他人付出。
當你為自己付出的時候，同時也在為他人貢獻。

在這裡可以舉出實際例子向大家說明。
數學的世界中，有個名為「費馬最後定理」的難題。為了證明這個定理，花了三百六十年的時間。
當然在這裡各位讀者不用徹底了解「費馬最後定理」為何物，只要認識到這是很難的數學問題就可以了。
挑戰這個數學定理的其中一人，名為歐拉（Euler）。
許多數學公式也因歐拉而生，歐拉可說是個天才。
歐拉由於過度醉心於數學導致雙目失明，但仍然持續鑽研數學，這也讓他被稱為「盲目的數學家」。
雖然他沒能解開費馬最後定理，但由於他的努力，為日後破解費馬最終定理帶來希望的曙光。

那麼，讓我們來談談歐拉這個人。
他開創數學公式，解開數學謎題，難道是為了別人而做的嗎？
當然不是。

歐拉只是單純熱愛數學而已。
所以他才會熱衷於破解數學謎團。
被自身情緒所驅使，尋求自我滿足的歐拉，他所做的事情無疑是「自利」的事。

但是，歐拉所發明的數學定理，最後成為破解費馬最後定理的重要關鍵。
對於身為後人的我們，帶來莫大貢獻。
這就是讓他人蒙受其利的「利他」行為。

沒錯，你以為是自利的事情，其實也是利他。

不是為了別人，而是被自己的心所驅使，就個人的觀點來看，不過是自我滿足而已。

但是這也自然而然導致利他的結果！

沒有必要刻意勉強自己為他人付出，歐拉就是最好的例子。

人生の解答

對自己有利的事，對整體社會也必然有利。

你要重視的不只是自己的利益，還有夥伴的利益。施比受更有福，這是得到幸福的唯一方法。

——阿爾弗雷德·阿德勒

第四章

努力不是人生的全部

不努力比努力更好

老子的中心思想是「無為自然」。

簡單的說，就是「保持自然的原貌，順應事物本來的樣子」

我們可以用：

「不要勉強」

「毋須努力」

「放輕鬆」

等這些更容易了解的話語來詮釋。

為了讓自己看起來高一點，勉強踮腳尖站著，絕對站不了多久。
為了減肥，勉強自己斷食，往往很快會復胖。
勉強自己拚了命地投身於工作，結果把身體搞垮。
勉強自己和討厭的人往來，努力裝出笑容，只會讓內心更加痛苦。

像這樣勉強自己，絕對不會帶來好結果，你我的內心深處應該都很明白這一點。
勉強自己，最後只會落得狼狽不堪。

老子曾經說過：「企者不立，跨者不行」，意思就是踮著腳尖想站得高，反而會讓人站不住，邁起大步想走得快，反而走不遠。

簡單的說就是：
「勉強自己做超過能力範圍的事，最後只會帶來糟糕的結果」。

老子接著又說道：「**自見者不明；自是者不彰；自伐者無功；自矜者不長。**」

所指的是自逞己見的人不能明白事理，自以為是的人得不到顯昭，自吹自擂的人與功勳無緣，驕傲自滿的人無法領導眾人。

也就是說

・不斷炫耀自己知識和才能的人，反而無法被他人認可。

・拚命闡述自己的觀點，認為「我絕對沒錯」的人，無法站上想要發揮的舞台。

・自吹自擂的人無法成功。

話雖這麼說，但人的內心都有表現的慾望。

無論是誰，都想要被別人認為是能幹的人，想受到他人尊敬，想被他人所喜愛。

因此，人們不斷說著小小的謊言試圖點綴自己，謊言和膨脹的自我如同雪球般越滾越大，最後把自己壓垮。

但是，老子告訴我們，這些我們自以為能受到他人喜愛的所作所為，其實只會招來他人的厭惡。

沒有必要勉強自己做出自認為討人喜歡的行為。

所謂的「榮耀」，只要當事人以自己為榮就可以了，沒有必要特意展露出來，期待藉此獲得他人的認可。

無論是於公於私，如果你感覺到

「我會不會做得太過頭了一點？」的時候，

請務必問問自己究竟是為了什麼而努力，是否過於勉強自己。

如果僅僅是想要得到稱讚，因而打腫臉充胖子，最後只會帶來反效果而已。

或許有人說：

「我明明很拚命，可是總是達不到效果。」

「努力總是得不到回報。」

「只有才華洋溢的人才能夠成功。」

但是這一切正好相反，
就是因為努力，所以才會帶來反效果。

沒錯，「努力」、「勉強自己」，是違反自然的生存方式。
請大家回想起前面所說的「上善若水」，如此一來就更能明白。
水沒有做出努力，也沒有勉強自己，只是順其自然的流動罷了。

人生の解答

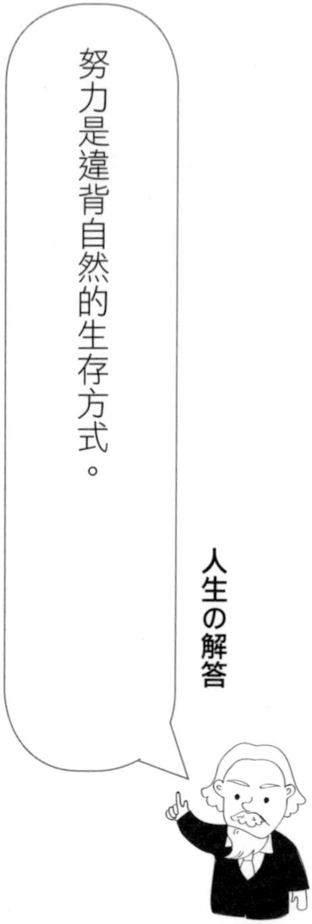

上善若水。水善利萬物而不爭，處眾人之所惡，故幾於道。

——老子《道德經》

跳脱正面思考

「擺脫一切煩惱的思考方法，就是正面思考！」

像這樣的意見，是現代的主流。

翻開書本或雜誌，隨處可見教導讀者正面思考的方法。

比方說，當沒趕上電車的時候……

不妨告訴自己：

「如果搭上那班電車，或許會出意外，沒搭上也不錯啊！」

像這樣的正面思考方式。

或者是當被別人說壞話的時候……

「沒關係，這樣才能讓自己成長啊！」

這也是一種正面思考。

不過，

當你實踐這種「正面思考」時，難道不會覺得有些難受嗎？

強迫自己改變心中的念頭，不知不覺就會累積許多壓力。

原本是為了讓自己變得幸福而實踐正面思考，卻讓自己累積越來越多的壓力，最後讓當事人感到不快樂。

這是一種負面循環啊！

在這裡，為了不讓各位讀者勉強自己正面思考，要和大家分享幾個技巧。

那就是「**跳脫正面思考的技巧**（取了個這麼白話的名字真是抱歉……）」！

技巧1：逃走

首先，讓我們二話不說，直接選擇「逃走」吧！
如果眼前出現讓你感到不愉快的事物，只要逃走就好了。
只要你跑得遠遠地，不愉快的感覺也會減弱。

不過，我在這裡要強調一件事。
就算逃跑，問題也不會因此得到解決。在你選擇逃跑之前，必須先認知到這一點。

比方說，當你的房間一團亂的時候。
如果你選擇逃避，把東西全部塞到衣櫥裡，乍看之下，房間又重新恢復整潔了對吧？
不過這並不代表房間真的變得乾淨了，不快感仍然在你的身後如影隨形。

也就是說，「逃走」的效力只存在於逃跑當下的那一刻，運用這短暫的時間，好好思考解決問題的方法吧！

技巧2：放棄

對於強調努力和奮鬥到底的日本人來說，「不要放棄」這句話聽起來十分打動人心，又能展現堅持不懈的美學。

不過，讓我們重新來檢視這句話。

在什麼情況下，人們會用到「不要放棄」這句話呢？

「雖然快要輸給對手了，但是不要放棄啊！」，「馬拉松好累人，但不要放棄！」一般來說，都是在人已經瀕臨極限，即將放棄的時候才會聽到這句話吧。

換句話說，嘴上嚷著「別放棄，別放棄！」的人，其實心裡想的正是「也差不多到該放棄的時候了」。

如果就這樣不放棄，堅持到底，然後獲得成功，那麼「不要放棄」也不失為一種好方法。**但是，如果已經明白「再這樣下去絕對不可能會成功」的時**

候，還要堅持絕不放棄，只是有勇無謀的舉動罷了。

這時候，乾脆地放棄會更加輕鬆。

技巧3：不說「別放在心上」

「成績好爛……不過別放在心上！」
「那個上司好討人厭……不過別放在心上！」

話雖這麼說……不過，如果你真的沒把這些事放在心上，是絕對不會再三提醒自己「別放在心上」的吧（笑）？

你明明就很討厭這些事，卻一直告訴自己「別在意，別放在心上」，這樣一來，你真的有感覺好過一些嗎？

在你的內心深處，不會因為告訴自己「別放在心上」就感到輕鬆一點。

所以說，像「別放在心上」這種看似正面思考的話語，其實卻是心理上的陷阱，還是少用為妙。

技巧4：別把心思放在「別去想」

很多正面思考的論述會告訴你「別去想這些事」。不過啊，還是乾脆地放棄「別去想」這件事吧。人類本來就是會動腦思考的生物。

對於人來說，動腦思考就像呼吸和心臟跳動一樣，是理所當然的事。要你「別去想」就像「別呼吸」，「心臟不要跳動」一樣，是不可能的任務。

技巧5：遺忘「要忘記」

要求你「忘記吧！」跟要求你「不要去想！」是一樣的，同樣都是不可能的任務。

所以說，忘記「要忘記」這件事情吧！

就算現在忘不了，不過隨著時間流逝，我們還是會自然而然地遺忘各種事物。

別讓正面思考戕害你的心靈！

人生の解答

不是因為你不好而有自卑感，無論看起來多麼優秀的人，多少都會感到自卑。只要還有目標，當然就有自卑感。

——阿爾弗雷德·阿德勒

大器晚成，給成功一點時間

各位應該都有聽過「大器晚成」這句話吧？

這句話的意思是指能擔當重任的人往往需要經過長時間的磨練，所以成就較晚。

也就是說，人要獲得巨大的成長，也必須花上漫長的時間。

其實大器晚成也是來自於老子。

「大方無隅，大器晚成」

意思就是：

「處在巨大的四方形中，幾乎看不到四個角落，巨大的空間無邊無際，也讓人看不出自己所處的地方其實是有稜角的。越大的容器就要花上越多的時間來完成，而且人們難以了解這個器具的全貌。」

讓我們來想像一下吧。

地球是圓的（更精確地來説，應該是橢圓），而你所站的地方，位於地球的土地之上對吧？不過，如果今天沒有從宇宙拍攝的照片可以參考，你能知道地球究竟是什麼形狀嗎？

想必非常困難吧！

所以，你應該可以體會到「大方無隅（巨大的空間無邊無際，也讓人沒有辦法看出來自己所處的地方）」的意思了。

人往往急於看到眼前所能捕捉到的「結果」。

就像播下去的種子明明就還沒到冒出芽的時候，但旁觀的人卻著急得不得了，覺得「夠了，我等不下去啦！」就直接把整盆植物丟了。

不過，就像老子說的「大器晚成」，要做成巨大的器具，需要花上漫長的時間。

人也是一樣，想獲得遠大的成就，也必須經過漫長的時間，這是急不得的事。

想像河川就在你眼前。

河水由上游往下游流去，經過漫長的旅程，最終抵達大海。

不過，河川並不著急，河水也並不慌忙，彷彿知道自己總有一天會回歸大海一般，悠然自得地流動著。

將「大器晚成」這句話放在腦中的某個角落吧。

別勉強自己，別急著看到結果。只要結果出爐之前，做自己該做的事就好了。

就像一休和尚常掛在嘴邊的話：

「不要著急，不要著急，休息，休息一會兒吧。」

人生の解答

面臨困難，處處碰壁，正是你在經歷人生挑戰的證據。

名為「沒問題」的魔法咒語

以我個人來說，有一句非常有效的魔法咒語。

無論什麼時候，只要唸出這句咒語，就能讓我感到安心，實在是非常不可思議。

那就是「沒問題」。

就像有些偉人的名言佳句，只要一聽到就讓人精神百倍，這句話對我也有類似的效果。

說到冬季代表性的運動，想當然耳就是滑雪對吧。

不過滑雪絕對不是輕鬆的運動。

初學者一不小心就會摔個四腳朝天，受傷也是常有的事。

跌倒的理由是什麼呢？莫非是技術的差距嗎？

如果你這麼想可就錯了。

關鍵在於恐懼的心理。由於害怕，身體會往後傾，因而讓全身失去平衡。

反過來說，只要能夠戰勝恐懼，讓身體重心稍微往前傾，就能夠保持平衡，順利滑行了。

話又說回來，人的腦袋中什麼時候會浮現恐懼或不安的想法呢？

- 或許會被別人討厭
- 或許會受傷
- 或許會遲到
- 或許自己會變成孤伶伶的一個人

或許，或許，或許……

各位想必也發現了吧，這裡的「或許」並沒有任何依據。所有不安和恐懼，全部都是人對未來的想像，實際上根本沒有發生任何事情。

當我們對自己缺乏自信的時候，就會認為自己將來如果面臨這些假想中的狀況，也沒有解決問題的能力，因此感到恐懼不安。

第一次滑雪的人往往會有這種想法：

「滑得太快或許會受傷」

一旦抱持恐懼感，難免對未來感到不安。

那麼，我們要如何克服這種恐懼感呢？

讓我們來運用先前提過的咒語「沒問題」吧。

「受傷也沒問題。」

「被人討厭也沒問題。」

「失敗也沒問題。」

看到這裡，一定會有人這麼問我吧，
「你說這一切都沒問題，那你有什麼根據嗎？」

老實說，
我完全沒有任何根據！

不過，在這裡也可以反過來問那些人，
「雖然你認為或許會失敗，但是你有什麼根據嗎？」
答案顯而易見，同樣沒有根據！
換句話說，「沒問題」和「或許會失敗」一樣，都沒有任何根據！

但是，話雖這麼說，但未來或許會發生自己無法處理的事，人們難免會有這樣的不安吧。
可是，我希望各位試著思考看看，
過去的你曾經抱持許多擔憂和恐懼，
但是，如今此刻的你，還會為同樣的事情感到膽怯嗎？

我想，有很多事情你已經不再感到害怕了對吧。
這也代表，過去的許多問題已經被解決了！

「沒有必要為未來的事情擔心。因為到那個時候，很多問題都已經被順利解決了！」

過去的自己到底在怕什麼呢？現在的你，可以試著對過去的自己這麼説。
「沒問題的，不用擔心。你害怕的事，現在都已經被解決了。」

沒錯，
「沒問題」。

這句話是能讓心獲得解脱的魔法咒語。
只要心能獲得解脱，一切也會變得順利。
什麼都不用擔心，因為你沒有必要為任何事物感到害怕。

人生の解答

「沒問題」的確沒有根據，不過「或許會失敗」一樣也沒有任何根據！

踏出去的勇氣與相信自己的力量

有件事我可以自信滿滿地告訴大家。
那就是我們所有的人，都是充滿著勇氣活在這世上！

比方說今天出門的人。
走出家門的人，每個都非常有勇氣，
因為，一旦出門，或許會被捲入交通事故也說不定啊！

但是，如果我們每天都這麼想，那就沒有辦法踏出家門一步了。
就算只是去附近的便利超商買個東西，但只要想著「或許會被捲入意外事故」，就幾乎哪裡都不能去了。

所以，再讓我說一次。

能夠決心往超商走去的人，個個都是非凡的勇者！

同樣地，吃飯的時候也是如此。

不去想「如果吃了這頓飯，可能會吃壞肚子」，而是認為「就算吃了這頓飯，也不會對身體健康造成傷害」。

走出家門的勇氣。

吃下食物的勇氣。

真是太厲害了……

而且，更進一步地說，在勇氣的背後，存在著信賴關係。

如果你不相信眼前柏油路的安全性的話，你連一步都沒有辦法往前走了。

那麼，如果你不相信路人的話，又會怎麼樣呢？

走在路上就會害怕被襲擊，因此恐慌不已、戰戰兢兢，根本沒有辦法正常地在街上走動。

又或者說，如果你不相信種米的農家的話，事情會變得如何呢？

你會仔細檢查每一粒米，確認沒有殘留毒素之類的危險狀況後，才願意吃下肚吧。如此一來，為了安全起見，不知道要花多少時間才能順利吃完一頓飯。

就連餐具也是一樣。你也是相信手上的筷子不會輕易斷成兩截，才會放心地拿在手上夾取飯菜。

如果不是對周遭的事物抱持信賴，無論是出門還是用餐，都會讓人感到非常不安，甚至是抗拒吧。

但是，你並沒有對生活中的一切感到抗拒。

關鍵在於，你對社會抱持信賴，
所以你才有勇氣走向便利商店，也有勇氣吃下眼前的飯菜。

有時候明明只是一些簡單的小事，但有些人卻會為了自己要如何採取行動而感到不安，猶豫再三。
之所以無法做出決定的理由，在於「無法相信自己」。

不過，這不是件很奇怪的事情嗎？

因為，你願意相信素昧平生的便利超商店員，也願意相信素未謀面的農家。
那麼，對於關係最緊密的「你」，不妨給予多一點的信賴吧。
如果連自己都要懷疑，那這樣一來「你」未免也太可憐了吧？
如同本篇一開始提到的，我們每個人都充滿著勇氣。
接著，就交給你了。
只要你願意相信你自己，勇氣也會油然而生。

畢竟，如果連你都不相信自己，還有誰會相信你呢，對吧！

人生の解答

此刻的你，已經擁有活下去的「生之勇氣」，
千萬別忘記這一點！

人只有在覺得「自己有價值」時，才會感受到「貢獻感」，才能夠擁有勇氣。

——阿爾弗雷德・阿德勒

你「是」正確的，對方「也是」正確的

真相不只有一個。

如果名偵探知道這件事，想必會驚訝到從椅子上摔下來吧。

人們對於他人，往往會強加自己的價值觀，認為「我才是正確的！」。

雖然我寫了這本書，和更多人分享自己所知的事物，但是這並不表示我認為「非得這麼做不可！」。

頂多只是告訴你「我是這麼做的」。

我不認為你的做法是錯的。

不過，如果你過去做了很多嘗試，但總是不得要領，那不妨試試看我的方法。

所以，如果你想著「我才是正確的，其他人都是錯誤的」，那麼你只對了一半。

你是正確的。

但是，其他人也是正確的。

的確，答案有很多種，但它們都是正確的。

科學也是如此，正確答案不只有一個。

比方說，「光的性質究竟是什麼呢？」

對於這個問題，過往有不同的答案。

有些科學家主張「光是由粒子組成的！」。

有些科學家主張「光是波動！」。

照理來說波動的傳導需要介質，但太陽光卻能穿過太空中的真空區域，進而傳達到地球，這也讓以往的科學家困惑不已。然而，主張光是由粒子組成的學說也無法令所有人信服。

為此，主張這兩派的科學家彼此僵持不下。

「你是錯的！」「我才是對的！」「有很多證據可以支持我的見解！」

但是，經過科學驗證的結果，發現兩種見解其實都是正確的。

今天，針對「光的性質究竟是什麼呢？」這個提問，答案是「光同時具有波動性和粒子性」，這是現今科學所認可的答案。

這和發表對電影的感想有異曲同工之妙。

同樣一部電影，有的觀眾會表示「這部電影真有意思！」，有的觀眾卻表示「這部電影好無趣」。

對於各式各樣的問題，這個世界上答案不只有一個。

所以，如果你堅持「這個絕對是錯的！」，那你的世界也將止步於此。

請試試看，從今天開始接受不一樣的可能性。

「這樣是對的，但或許那樣也是對的！」

這樣一來，你就能看見更多的可能性。

想要走向更寬廣的世界，接受更多的可能性正是其中的一種方法。

非常感謝讀到這一頁的你，希望我們有緣再會。

最後，我想用一句話作為本書的結尾。

「對方是正確的，而我也是正確的。」

二〇一六年吉日　嶋田將也

Step 2．為你的情緒分類

記錄自我的情緒，並將其分類成好心情或壞心情。

________________________→好／壞心情

養成隨時記錄情緒波動的習慣，便能確認生活中自身心境的變化。

Step 3．從旁觀察自己的情緒

從旁觀者角度，記下「時間」和「情緒」，觀察自己一天中的情緒變化。

從___時___分→到 ___時 ___分，
我覺得____________________________________

____

____

由於人的情緒無法持久，透過傾訴心情，壞心情就會慢慢地消失。

日常情緒記錄表

了解自己的內心，來記錄你的每日心情吧！

Step 1· 學習記錄自己的心情

保持好心情能夠帶來很多好處，第一步先將自己的心情條列出來吧！

______________________ 的時候，是什麼感覺呢？

現在的我，心情是 ______________________

____

____

條列出心情，能夠幫助自我判斷心情是好是壞。

為什麼我不快樂

讓老子與阿德勒幫我們解決人生問題

SAN YAU
http://www.ju-zi.com.tw
三友圖書
友直 友諒 友多聞

國家圖書館出版品預行編目 (CIP) 資料

為什麼我不快樂：讓老子與阿德勒幫我們解決人生問題 / 嶋田將也著；林依璇譯 . -- 初版 . -- 臺北市：四塊玉文創 , 2017.10　面；　公分
ISBN 978-986-95017-9-8(平裝)

1. 人生哲學 2. 生活指導

191.9　　106016613

作　　者　嶋田將也
譯　　者　林依璇
編　　輯　鄭婷尹
校　　對　林依璇、鄭婷尹
　　　　　林憶欣
美術設計　曹文甄

發 行 人　程顯灝
總 編 輯　呂增娣
主　　編　翁瑞祐、羅德禎
編　　輯　鄭婷尹、吳嘉芬
　　　　　林憶欣
美術主編　劉錦堂
美術編輯　曹文甄
行銷總監　呂增慧
資深行銷　謝儀方
行銷企劃　李　昀

發 行 部　侯莉莉
財 務 部　許麗娟、陳美齡
印　　務　許丁財
出 版 者　四塊玉文創有限公司

總 代 理　三友圖書有限公司
地　　址　106 台北市安和路 2 段 213 號 4 樓
電　　話　(02) 2377-4155
傳　　真　(02) 2377-4355
E - mail　service@sanyau.com.tw
郵政劃撥　05844889 三友圖書有限公司

總 經 銷　大和書報圖書股份有限公司
地　　址　新北市新莊區五工五路 2 號
電　　話　(02) 8990-2588
傳　　真　(02) 2299-7900

製　　版　興旺彩色印刷製版有限公司
封面印刷　鴻海科技印刷股份有限公司
內文印刷　靖和彩色印刷有限公司
初　　版　2017 年 10 月
定　　價　新台幣 260 元
I S B N　978-986-95017-9-8 (平裝)

療傷，聆聽內心的聲音

哈佛與MIT的16堂成長課：從平凡到非凡

作者：梁漢垠　譯者：陳郁昕

定價：350元

為什麼維持98%比100%更困難？什麼是「人生的停車位理論」？透過零距離的訪談，你將看見16位出身哈佛與MIT的未來先驅，是如何在與你我一般的平凡生活中，找到自己的定位、實現人生的價值！

偶爾也需要強烈的孤獨：其實，你可以這樣生活

作者：金珽運　譯者：黃筱筠

定價：465元

中年大叔的真情告白：既然寂寞免不了，還是孤獨好。拋棄「抽象的安慰」，丟掉「逞強的勇氣」，面對崩壞的自己，只有熟悉孤獨，才不孤獨。

解憂咖啡館：不冷不熱，溫的，剛剛好

作者：溫秉錞

定價：340元

咖啡的溫度，也是人性的溫度。有一家咖啡館老闆，總會在每日的外帶杯上，留下一句充滿溫度的句子。希望每一位來到店裡的人，在品嘗咖啡之餘，也能得到心靈上的力量。這裡不只賣咖啡，還有撫慰人心的溫語錄。

轉個念，心讓世界大不同

作者：曉亞

定價：320元

曾幾何時，我們忘記如何真正地生活，日子被工作填滿，充滿壓力與煩心，只要願意，轉個心念，幸福近在咫尺，無所不在。讓我們從「心」開始，學習52個轉念哲學，做自己心的主人，轉個念，世界就會大不同。

旅行，遇見更好的自己

搖滾吧！環遊世界

作者：Hance & Mengo

定價：320元

面對未來，還在躊躇不前嗎？夢想夠多了，你需要的其實是勇氣。跟著Hance & Mengo的腳步，展開一場橫跨4大洲、21國，為期365天的精彩旅程！

翻轉旅程：不一樣的世界遺產之旅

作者：馬繼康

定價：370元

科隆大教堂的上達天聽、新疆天山的遼闊敻遠、泰姬瑪哈陵的絕美脫俗、巴拿威梯田的淳樸人情……跟著旅遊達人馬繼康，深度探訪各地世界遺產，用最溫柔善解的旅行思維，翻轉你的旅程。

獻給想要改變的自己，30歲前一定要出發的旅程。

作者：吳非

定價：330元

有一種旅行，必須用勞力換取旅費，還得有冒險精神，更要善於爭取機會、推銷自己，才能在異國好好生存，打工旅行，不只是旅行，更是一場改變人生。

我就是想停下來，看看這個世界

作者：陳宇欣

定價：250元

二十二歲單身女孩獨自上路，休學一年北歐慢行記，這是我至今最勇敢的旅行，也是最懦弱的旅行。休學，出走，為自己的任性買單，拋開昔日的生活，結識途中遇到的有趣陌生人，至於風景，那只是附贈品……

廣　告　回　函
台北郵局登記證
台北廣字第2780號

地址：　　縣/市　　　鄉/鎮/市/區　　　路/街

段　　巷　　弄　　號　　樓

SANYAU

三友圖書有限公司 收

SANYAU PUBLISHING CO., LTD.

106　台北市安和路2段213號4樓

SANYAU
三友圖書
讀書俱樂部

「填妥本回函，寄回本社」，即可免費獲得好好刊。

粉絲招募歡迎加入
臉書／痞客邦搜尋
「三友圖書-微胖男女編輯社」
加入將優先得到出版社
提供的相關優惠、
新書活動等好康訊息。

四塊玉文創╳橘子文化╳食為天文創╳旗林文化
http://www.ju-zi.com.tw
https://www.facebook.com/comehomelife

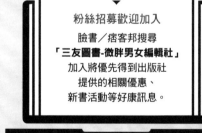

【黏貼處】對折後寄回，謝謝。

親愛的讀者：

感謝您購買《為什麼我不快樂：讓老子與阿德勒幫我們解決人生問題 》一書，為感謝您對本書的支持與愛護，只要填妥本回函，並寄回本社，即可成為三友圖書會員，將定期提供新書資訊及各種優惠給您。

姓名＿＿＿＿＿＿＿＿ 出生年月日＿＿＿＿＿＿＿＿

電話＿＿＿＿＿＿＿＿ E-mail ＿＿＿＿＿＿＿＿

通訊地址＿＿＿＿＿＿＿＿

臉書帳號 ＿＿＿＿＿＿＿＿ 部落格名稱＿＿＿＿＿＿＿＿

1 年齡
□ 18 歲以下 □ 19 歲～ 25 歲 □ 26 歲～ 35 歲 □ 36 歲～ 45 歲 □ 46 歲～ 55 歲
□ 56 歲～ 65 歲□ 66 歲～ 75 歲 □ 76 歲～ 85 歲 □ 86 歲以上

2 職業
□軍公教 □工 □商 □自由業 □服務業 □農林漁牧業 □家管 □學生
□其他 ＿＿＿＿＿＿＿＿

3 您從何處購得本書？
□網路書店 □博客來 □金石堂 □讀冊 □誠品 □其他 ＿＿＿＿＿＿＿＿
□實體書店 ＿＿＿＿＿＿＿＿

4 您從何處得知本書？
□網路書店 □博客來 □金石堂 □讀冊 □誠品 □其他 ＿＿＿＿＿＿＿＿
□實體書店 ＿＿＿＿＿＿＿＿ □ FB(三友圖書 - 微胖男女編輯社)
□三友圖書電子報 □好好刊(雙月刊) □朋友推薦 □廣播媒體 ＿＿＿＿＿＿＿＿

5 您購買本書的因素有哪些？（可複選）
□作者 □內容 □圖片 □版面編排 □其他 ＿＿＿＿＿＿＿＿

6 您覺得本書的封面設計如何？
□非常滿意 □滿意 □普通 □很差 □其他 ＿＿＿＿＿＿＿＿

7 非常感謝您購買此書，您還對哪些主題有興趣？（可複選）
□中西食譜 □點心烘焙 □飲品類 □旅遊 □養生保健 □瘦身美妝 □手作 □寵物
□商業理財 □心靈療癒 □小說 □其他 ＿＿＿＿＿＿＿＿

8 您每個月的購書預算為多少金額？
□ 1,000 元以下 □ 1,001 ～ 2,000 元 □ 2,001 ～ 3,000 元 □ 3,001 ～ 4,000 元
□ 4,001 ～ 5,000 元 □ 5,001 元以上

9 若出版的書籍搭配贈品活動，您比較喜歡哪一類型的贈品？(可選 2 種)
□食品調味類 □鍋具類 □家電用品類 □書籍類 □生活用品類 □ DIY 手作類
□交通票券類 □展演活動票券類 □其他 ＿＿＿＿＿＿＿＿

10 您認為本書尚需改進之處？以及對我們的意見？
＿＿＿＿＿＿＿＿＿＿＿＿＿＿＿＿

感謝您的填寫，
您寶貴的建議是我們進步的動力！

【黏貼處】對折後寄回，謝謝。